BEI GRIN MACHT SICH IHR WISSEN BEZAHLT

AF130512

- Wir veröffentlichen Ihre Hausarbeit,
  Bachelor- und Masterarbeit

- Ihr eigenes eBook und Buch -
  weltweit in allen wichtigen Shops

- Verdienen Sie an jedem Verkauf

**Jetzt bei www.GRIN.com hochladen
und kostenlos publizieren**

Die Produkt-Markt-Matrix nach Ansoff. Anwendung von Markt- und Wettbewerbsstrategien an einem Beispiel

Arnulf Willms

Bibliografische Information der Deutschen Nationalbibliothek:

Die Deutsche Nationalbibliothek verzeichnet diese Publikation in der Deutschen Nationalbibliografie; detaillierte bibliografische Daten sind im Internet über http://dnb.d-nb.de abrufbar.

ISBN: 9783346612922
Dieses Buch ist auch als E-Book erhältlich.

Druck und Bindung: Books on Demand GmbH, Norderstedt Germany
Gedruckt auf säurefreiem Papier aus verantwortungsvollen Quellen

Das vorliegende Werk wurde sorgfältig erarbeitet. Dennoch übernehmen Autoren und Verlag für die Richtigkeit von Angaben, Hinweisen, Links und Ratschlägen sowie eventuelle Druckfehler keine Haftung.

Das Buch bei GRIN: https://www.grin.com/document/1184343

Einsendeaufgabe

Managementlehre

Alternative C (Themenkatalog 2021)

Abgegeben am 11.05.2021 online

SRH Fernhochschule

Modul: Managementlehre
Studiengang: MBA für Ärzte

Von
PD Dr. med. habil. Arnulf Willms
Studiengang: MBA für Ärzte

Inhaltsverzeichnis

Abkürzungsverzeichnis

Abb.	Abbildung
bspw.	beispielsweise
bzw.	beziehungsweise
d.h.	das heißt
etc.	et cetera
f	die folgende
ff	die folgenden
ggf.	gegebenenfalls
H&M	Hennes und Mauritz
Hrsg.	Herausgeber
inkl.	inklusive
Kap.	Kapitel
MüMa	Müller Maßanzüge
S.	Seite
sog.	Sogenannte/sogenannter
u.a.	und andere; unter anderem
usw.	und so weiter
v.a.	vor allem
vgl.	vergleiche
z.B.	zum Beispiel

Abbildungsverzeichnis

Tabellenverzeichnis

1. Einleitung

„Panta rhei" – „Alles ist im Fluss" (Heraklid von Ephesos, 520 v. Chr. – 460 v. Chr.)

Dieses Zitat aus dem antiken Griechenland beschreibt treffend das Ausgangslage und die sich daraus ergebenden Aufgaben des modernen Managements. Seit den späten 1970er bzw. den frühen 1980er Jahren wurde erkannt, dass starre traditionelle, vor allem rational geprägte Managementsysteme keine praktikablen Antworten auf die Managementfragen einer immer turbulenteren Umwelt geben konnten (Ansoff HI (2007)). Treibende Kräfte waren die Ölpreisschocks sowie die zunehmende Intensivierung des internationalen und interkontinentalen Wettbewerbs durch den Markteintritt japanischer Unternehmen (Paul H & Wollny V (2020), S. 5).

Aktuell finden sich Unternehmen wieder in einer sich ständig und dynamisch entwickelnden globalisierten und digitalisierten Welt, in der es kaum noch Grenzen gibt. Die zentrale Aufgabe des Managements besteht hierbei im Gestalten des institutionellen Rahmens, im Festlegen, Auslösen und Kontrollieren von Aktivitäten zur Zielerreichung zur Sicherstellung der Unternehmensentwicklung in diesem Umfeld (Zahn E (2003), S. 255ff).

Um Entwicklung und Wachstum zu generieren bedarf es ständiger Antizipation. Im Kern der Entscheidungen in Bezug auf Wachstum und Entwicklung steht stets ein Prozess der Abwägung zwischen Risiken und Nutzen von Investitionen zur Initiierung der angestrebten Veränderungen.

1.2 Problemstellung

Der Markt für Bekleidung und Mode ist einer der bedeutendsten Märkte für Konsumgüter. Die deutsche Textil- und Bekleidungsindustrie hat eine jahrhundertelange Tradition und stellt mit ca. 32 Milliarden Euro Umsatz im Jahr und mit etwa 1.400 Unternehmen mit ca. 135.000 Beschäftigten in Deutschland einen der wichtigsten Wirtschaftszweige dar (Tabelle 1) (Statistisches Bundesamt (2021), Statista (2021)). Die hohe Exportquote von ca. 40 Prozent spiegelt die Wertschätzung deutscher Textil- und Bekleidungsprodukte auf dem internationalen Markt wider (Textil + Mode (2021). Auch nach 2000 konnte im Textil- und Modesektor relativ konstante Absatzzahlen für deutsche Unternehmen konstatiert werden (Statistisches Bundesamt (2021).Textil+Mode (2017) Das Jahr 2020 brachte allerdings mitbedingt oder gar ursächlich durch die globale Covid-19 Pandemie massive Umsatzeinbußen für die deutsche Modeindustrie von bis zu 20% mit sich, die der Markt aller Wahrscheinlichkeit nach nicht nachholen wird (McKinsey (2021), S. 10f, Probasky A (2021)).

Durch die globalen Entwicklungen, die nicht selektiv den deutschen Bekleidungsmarkt betreffen, wird dieser jedoch als Teil des globalen Marktes einem verstärkten Selektionsdruck ausetzt. Denn als Folge der Pandemie beschleunigen sich globale Trends (McKinsey (2021)).

Im globalen Kontext sieht sich die deutsche Bekleidungsindustrie, die traditionell geprägt ist durch mittelständische Unternehmen wie auch Müller Maßanzüge mit zumeist nur unvollständig vollzogenem Wandel zur vollständigen Digitalisierung, durch die zunehmende Globalisierung und weltweite Produktivitätsoptimierungen mit großen Herausforderungen konfrontiert (Krippendorf W, Holst G & Richter U (2009), Diebel J (2020).

Eckdaten deutsche Textil- und Bekleidungsindustrie	
Umsatz gesamt	16,5 Mrd. Euro
Umsatz Textilindustrie	11 Mrd. Euro
Umsatz Bekleidungsindustrie	5,5 Mrd. Euro
Betriebe	911
Beschäftigte in D	92.000
Export von Textilien und Bekleidung aus D	32,97 Mrd. Euro
Import von Textilien und Bekleidung nach D	50,1 Mrd. Euro
Wichtigstes Abnehmerland für Bekleidung	Schweiz

Tabelle 1: Eckdaten der deutschen Textil- und Bekleidungsindustrie ((Statistisches Bundesamt (2021), Statista (2021))

1.2 Zielsetzung

Ziel muss es sein, den dynamischen Herausforderungen des globalisierten und digitalisierten Marktes gerecht zu werden und sich abzeichnende Chancen des Marktes zu antizipieren, um diese proaktiv in Strategien umzusetzen, um einen maximalen Unternehmensnutzen aus diesen zu ziehen. Das Unternehmen Müller Maßanzüge ist in den letzten Jahren kontinuierlich gewachsen. Insbesondere aus Sicht des fähigkeitsorientierten Ansatzes (Capability based view) besitzen Innovationen eine zentrale Bedeutung für die Schaffung und Erhaltung von Wettbewerbsvorteilen und damit für die Sicherung des Überlebens bzw. das Wachstum von Unternehmen. Im Unternehmen Müller Maßanzüge scheinen die Vorteile eines neu entwickelten Herstellungsverfahrens noch nicht ausgeschöpft zu sein, so dass hier noch Potential zur Generierung von Wettbewerbsvorteilen zu sehen ist.

Die Herausforderung besteht darin, Wachstumsmöglichkeiten in Bezug auf Branchen, Produkte und Regionen, hinsichtlich Stärken und Schwächen und vor dem Hintergrund des eigenen Geschäftsmodells gegeneinander abzuwägen. Denn nur mit einer dezidierten und auf die Umfeldgegebenheiten seitens des Marktes und des Wettbewerbs können die Potentiale des Unternehmens ausgeschöpft und umgesetzt werden.

1.3 Aufbau der Arbeit

Der Aufbau der Arbeit soll logisch die Zielsetzung verfolgen aufbauend auf den theoretischen Grundlagen über die Darstellung der Gegebenheiten und Besonderheiten bei der Betrachtung des Unternehmens Müller Maßanzüge und den für dieses Unternehmen relevanten Rahmenbedingungen sowohl Markt- als auch Wettbewerbsstrategien zu erarbeiten, die als integrative Funktion dieser Informationen dienen kann. Somit folgen im 2. Kapitel die theoretische Fundierung hinsichtlich der Produkt-Markt-Matrix nach Ansoff und den Wettbewerbsstrategien mit dem Fokus auf die beiden Antipole Kostenführerschaft und Differenzierung. Im darauffolgenden Anwendungsteil soll zunächst das Unternehmen Müller Maßanzüge vorgestellt werden; anschließend folgt eine kursorische jedoch grundlegende Markt- und Wettbewerbsanalyse zur Schaffung von Rahmendaten durchzuführen, um dann im Kernstück der Arbeit zunächst Markt- und sodann Wettbewerbsstrategien für den konkreten Fall abzuleiten. Das sich anschließende Diskussionskapitel ordnet die Ergebnisse ein und bewertet sie. Das Fazit schließlich gibt das Schlusswort wieder und endet mit einem Ausblick.

2. Theoretische Grundlagen

Hauptaufgaben des strategischen Management sind der Aufbau, die Pflege und die Ausbeutung von Erfolgspotentialen, für die Ressourcen eingesetzt werden müssen (Bleicher K (2017). Diese Erfolgspotentiale bestehen aus den durch die Unternehmensführung generierten Kombinationen von unternehmensspezifischen Ressourcen, Beziehungen und Kompetenzen (Gälweiler A (2005)). Um diese Ziele und damit langfristige Profitabilität des Unternehmens zu realisieren bedarf es einer stetigen Anpassung an eine dynamische Umwelt. Als Strukturgebende Hilfsmittel können generische Managementtools dienen, die der jeweiligen Situation angepasst werden müssen. Markt- als auch Wettbewerbsstrategien definieren, welche längerfristigen Zielsetzungen eine Organisation anstrebt und legen die grundsätzlichen Prinzipien fest, wie eine Organisation agieren möchte. Beide Betrachtungsweisen sind als komplementäre Instrumente zu betrachten und unterscheiden sich durch ihren jeweiligen Fokus: Marktstrategien leiten die strategische Positionierung insbesondere aus den Bedürfnissen der jeweiligen Kunden ab. Demgegenüber wird die strategische Positionierung einer Wettbewerbsstrategie relativ zu den Aktivitäten und dem Verhalten der Wettbewerber definiert.

2.1 Die Produkt-Markt-Matrix nach Ansoff

Die von Harry Igor Ansoff entwickelte und nach ihm benannte Produkt-Markt-Matrix ist eines der bekanntesten Instrumente zur Strategieentwicklung (Ansoff (1965), S. 108f, Paul H & Wollny V (2020), S.282 ff). Mit Hilfe der Ansoff-Matrix kann auf abstraktem, generischen Niveau die generelle strategische Stoßrichtung eines Unternehmens festgelegt werden (Schawel C & Billing F (2018), S.31). Die Ansoff- Matrix dient als Hilfsmittel für das strategische Management zur Planung und Realisierung von Unternehmenswachstum Die Matrix besteht aus den zwei Dimensionen Produkt und Markt, die wiederum mit den zwei Werten gegenwärtig und neu beschrieben werden können, so dass sich in der Auftragung in einer vertikalen und einer horizontalen Ausrichtung eine Vierfeldertafel ergibt (Abbildung 1).

Märkte		
	Bestehend	Neu
Bestehend	Marktdurchdringung	Marktentwicklung
Neu	Produktentwicklung	Diversifikation

(Left vertical label: **Produkte**)

Abbildung 1: Produkt-Markt-Matrix nach Ansoff (Eigene Darstellung nach Ansoff I (1966), S. 132)

Die sich daraus ergebenden generischen Wachstumsstrategien (Angebots-Markt-Strategien) werden auch als grundlegende Ausrichtung des strategischen Wachstums bezeichnet (Johnson, Scholes & Whittington, 2011, S. 320).

1) Marktdurchdringung

   Das Ziel dieser Strategie ist die Ausschöpfung des Marktpotentials mit auf dem bereits erschlossenen Markt und im Portfolio des Unternehmens vorhandenen Produkten (Müller-Stewens G & Lechner C (2016), S.252). Diese Strategie ist besonders erfolgversprechend bei wachsenden Märkten. Intensivierte Marketingstrategien bzw. aggressive Preissenkungen werden hier eingesetzt.

2) Marktentwicklung

   Die Marktentwicklung sieht die Erschließung neuer Marksegmente für das bestehende Produktangebot vor. Dies kann auf drei Ebenen erfolgen: Zunächst kann eine Ausdehnung auf bisher nicht erschlossene Kundensegmente erfolgen. Zudem kann versucht werden, mit dem bestehenden Produktportfolio andere Kundenbedürfnisse zu erfüllen. Und zuletzt können geographisch (regional, national bzw. international) neue Märkte erschlossen werden (Müller-Stewens G & Lechner C (2016), S.252).

3) Produktentwicklung

Je kürzer ein Produktlebenszyklus ist, desto wichtiger wird die Marktstrategie der Produktentwicklung (Müller-Stewens G & Lechner C (2016), S.253). Diese kann in verschiedenen Ausprägungen erfolgen und reicht von der Verbesserung von Produkteigenschaften eines bestehenden Produkts über die Ergänzungen mit Zusatzfunktionalität bis hin zur kompletten Neuentwicklung eines Produkts. Bei stagnierenden Märkten mit starkem Verdrängungswettbewerb stellt die Produktentwicklung einen zentralen Ansatzpunkt zur Gewinn- und Existenzsicherung dar (Becker J (2013), S. 156).

4) Diversifikation

Bei einer Diversifikationsstrategie wird sowohl in neue Märkte eingetreten als auch das Produktproramm einer Organisation ausgeweitet. Da diese Strategie eine Veränderung der Leistungserstellung und den Aufbau neuer Geschäftsfelder voraussetzt, stellt die Diversifikation somit die radikalste aller strategischen Ausrichtungen dar (Johnson, Scholes & Whittington, 2011, S. 325f.). Unterschieden werden können die Typen der lateralen, der konzentrischen und der vertikalen Diversifikation (Paul H & Wollny V (2020), S. 286).

Kein Unternehmen kann nur mit einer Marktstrategie dauerhaft erfolgreich sein. Beim Durchlaufen der Marktstrategien können unterschiedliche Reihenfolgen entstehen, die auch als alphabetische Strategiemuster bezeichnet werden (Becker, 2013, S. 176ff.). Den strategische Idealweg stellt die sogenannte Z-Strategie dar. Diese bedeutet das Durchlaufen aller Produkt-Marktkombinationen in Form des Buchstabens Z in der Matrix mit dem Ziel der Ausschöpfung aller Wachstumspotenziale (Becker, 2013, S. 177). Aus diesem Grund ist die Ansoff-Matrix auch teilweise unter dem Begriff Z-Matrix bekannt (Abbildung 2).

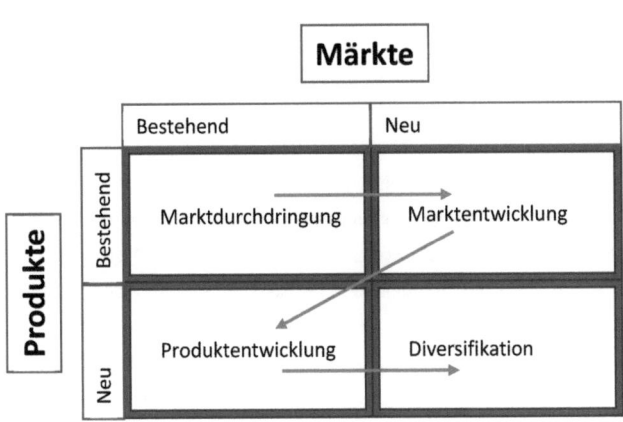

Abbildung 2: Produkt-Markt-Matrix nach Ansoff mit Z-Strategie

Typischerweise wird zunächst der Markt durchdrungen, indem bestehende Produkte in bestehenden Märkten angeboten werden. Anschließend werden neue Produkte für bestehende Märkte entwickelt, um sodann neue Produkte zu entwickeln und schließlich die beiden letztgenannten Strategien bei der Diversifikation zu kombinieren.

Das Risiko-Nutzen-Profil der hier aufgezeigten Marktstrategien unterscheidet sich grundsätzlich. Bei der Marktdurchdringung ist das Risiko gering, da bestehende Fähigkeiten und Ressourcen genutzt werden. Allerdings sind die Wachstumschancen begrenzt. Bei gesättigtem Markt sollte eine andere Wachstumsstrategie gewählt werden. Bei der Marktentwicklung steigt dafür das Risiko, da die Expansion in einem unbekannten Markt erfolgt. Bei der Produktentwicklung steigt das Risiko weiter, da sich neue Fähigkeiten angeeignet werden müssen und Ungewissheit darüber besteht, wie das neue Produkt auf dem Markt angenommen wird. Die Diversifikationsstrategie schließlich zeigt grundsätzlich höchste Risiko, da sie die Risiken der beiden vorangegangen Strategien kombiniert (Ansoff I (1966), S. 132; Dillerup R & Stoi R. (2006), S. 207f.). Als wesentliches Entscheidungsmerkmal ist bei der Wahl der Marktstrategie der Grad der Synergienutzung zu beachten (Paul H & Wollny V. (2020), S.283). Investitionskosten und Risikopotential befinden sich in einem direkten Abhängigkeitsverhältnis zu diesem. Ansoff (1966) schlägt hierbei die Regel der abnehmenden Synergie als Strategie vor (Ansoff I (1966). Das Synergiepotential ist bei der Marktdurchdringung am höchsten und sinkt über die Alternativen der Marktentwicklung und

Produktentwicklung. Bei Diversifikation können kaum oder gar keine Synergien genutzt werden, was dann auch in der deutlichen Erhöhung von Kosten und Risiken resultiert.

2.2 Wettbewerbsstrategien

Wettbewerbsstrategien dienen dazu, einen Wettbewerbsvorteil zu generieren. Das Konzept des Wettbewerbsvorteils beschreibt die Implementierung einer Strategie, die nicht gleichzeitig von einem Wettbewerber verfolgt werden kann, Kosten reduziert, Marktmöglichkeiten ausnutzt und Risiken neutralisiert (Barney, 1991, S. 102ff.) Diss) Ein Wettbewerbsvorteil ist dabei definiert als überlegene Leistung oder Positionsvorteil eines Anbieters am Markt im Vergleich zu seinem Wettbewerber (Porter ME (1980), Porter ME (1985). Er bezieht sich auf den ökonomischen Wert der Ausnutzung der Kombination von Ressourcen und Rente auf den ökonomischen Wert durch die Kommerzialisierung (Powel T (2001)). Firmen mit einem Wettbewerbsvorteil erwirtschaften im Schnitt eine bessere Rente erwirtschaften (Powell T (2001), S. 749). Ein Wettbewerbsvorteil wird vom Kunden entweder durch einen niedrigeren Preis bei gleicher Leistung oder durch eine überlegene Leistung bei gleichem Preis wahrgenommen (Hungenberg H (2001), S. 150; Porter ME (1985), S. 21). Das magische Dreieck von Ohmae skizziert diese Beziehung (Abbildung 3) (Ohmae (1994), S. 72.

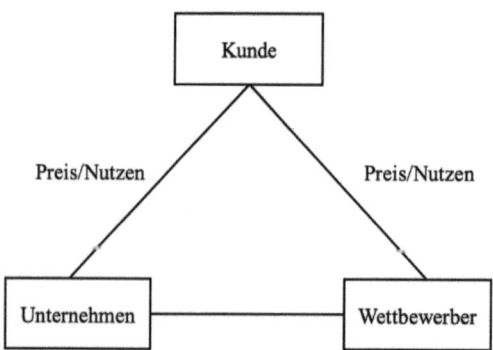

Abbildung 3 Magisches Dreieck nach Ohmae (Ohmae (1994), S. 72)

Porter unterscheidet lediglich zwei Grundtypen von Wettbewerbsvorteilen, aus denen dann die auf diesen abzielende Wettbewerbsstrategie abgeleitet werden kann. Diese beiden Antipole sind der Kostenvorteil und der Differenzierungsvorteil. Die beiden generischen Wettbewerbsstrategien sind die der Kostenführerschaft und die der Differenzierung (Abbildung 4 (Porter ME (1985).

Kostenführerschaft.

Bei der Strategie der Kostenführerschaft wird versucht durch relativ zu den Mitbewerbern niedrigere Kosten einen Wettbewerbsvorteil zu generieren (Müller-Stewens G & Lechner C (2016), S. 256). Hierbei unterscheidet sich das Produkt kaum oder nicht maßgeblich von dem der Konkurrenz. Entscheidende Orte der Wertschöpfungskette, um Kostenvorteile sicher zu stellen sind Entwicklung, Produktion und Vertrieb. Dies kann entweder dadurch erreicht werden, dass einzelne Aktivitäten der Wertschöpfungskette günstiger durchgeführt werden oder dadurch, dass die gesamte Wertschöpfungsarchitektur einzigartig gestaltet ist und sich dadurch Effizienzvorteile erzeugen lassen Müller-Stewens G & Lechner C (2016), S. 256). Das Unternehmen kann auf diese Weise zum Preisführer werden und das Produkt mehr nachgefragt werden oder es behält die höhere Marge (Hungenberg, 2001, S. 151f. Diss). Es können neun Methoden für Kostenführerschaftsstrategien, die somit letztlich zu einem Wettbewerbsvorteil der Kostenführerschaft führen, unterschieden werden: Skaleneffekte, Verbundeffekte, Erfahrungseffekte, Prozesstechnik (Erfahrungskurve), Produktdesign, Prozessdesign, Kapazitätsausnutzung, Input-Kosten (Faktorkosten), residuale Effekte der operativen Effektivität. (Grant RM (2014), S. 212).

Differenzierung

Der Kern der Überlegung der Wettbewerbsstrategie der Differenzierung ist die Einzigartigkeit des Produktes oder der Leistung (Müller-Stewens Lecher, S. 258). Durch einen höheren Nutzen soll der Kunde dazu bewegt werden, bereit zu sein, einen höheren Preis zu zahlen. Nimmt der Kunde diese Leistung als einzigartig war, besteht ein Differenzierungsvorteil (Hungenberg, 2001, S. 151). Es soll eine klare Unique Selling Proposition (USP) geschaffen werden, die sich deutlich vom bestehenden Angebot am Markt unterscheidet. Die Differenzierungsstrategie kann mit unterschiedlichen Taktiken umgesetzt werden Image, Support, Zusatzleistung, Design und Qualitätsführerschaft. (Mintzberg H (1988), S. 75f). Porter erweiterte seine Kategorisierung um die Breite, mit der ein Unternehmen im Markt anbietet. Dabei unterscheidet Porter zwischen Unternehmen mit einem breiten Produktengebot und Unternehmen, die sich nur auf Nischen fokussieren (Porter (1980), S. 39), Damit ergeben sich im Grunde 4 Wettbewerbsstrategien, da sowohl die Kostenführerschaft als auch die Differenzierung entweder für den gesamten Markt oder nur für eine Nische angeboten werden kann. Da diese Nischenstrategie oder Fokusstrategie dem Kunden entweder einen Differenzierungs- oder Kostenvorteil bietet wird sie von einigen nicht als eigenes Strategiemuster gesehen (Hungenberg, 2001, S. 153).

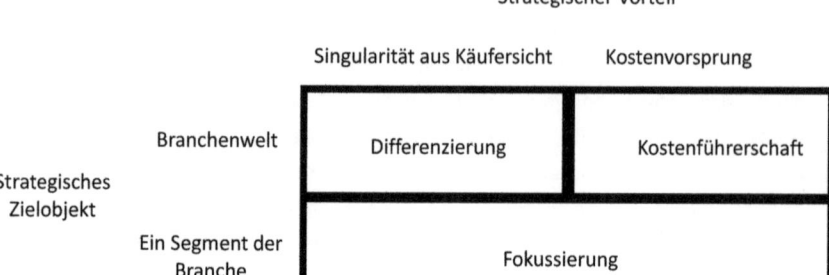

Abbildung 4: Wettbewerbsmatrix nach Porter ME (1985)

2.3 Kurzzusammenfassung der Theorie

Die Produkt-Markt-Matrix nach Ansoff stellt ein Instrument dar, bei dem die Dimensionen Produkt und Markt in den Ausprägungen gegenwärtig und neu miteinander korreliert werden, um aus der Korrelation vier generische Marktstrategien abzuleiten, die jeweils ein eigenes Risiko-/Nutzen-Profil aufweisen (Schawel C & Billing F (2017), S. 31). Ziel ist es Strategiefindungen durch die Reduktion auf vier generische Modelle zu vereinfachen, um dadurch Unternehmenswachstum und damit Rentabilität des Unternehmens sicher zu stellen. Diese vier generischen strategischen Stoßrichtungen müssen für das jeweilig betrachtete Unternehmen adaptiert werden. Die jeweilige Marktstrategie muss sodann im Wettbewerb mit der Konkurrenz umgesetzt werden, um hier Wettbewerbsvorteile sicher zu stellen

Hinsichtlich der Wettbewerbsstrategien lassen sich zwei grundsätzlich gegensätzliche Typen unterscheiden. Die Strategie der Kostenführerschaft und die der Differenzierung. Bei der Strategie der Kostenführerschaft sollen Wettbewerbsvorteile durch Preisvorteile gegenüber der Konkurrenz generiert werden, bei der Differenzierung dagegen durch die Einzigartigkeit der Leistung und das Image des Produktes bzw. der Marke. Abhängig vom jeweiligen Unternehmen und seinen Möglichkeiten sowie von der Wettbewerbsbreite muss eine individuelle Wettbewerbsstrategie gefunden werden.

3. Anwendungsteil

3.1 Kurzvorstellung des Unternehmens Müller Maßanzüge

Das mittelständische deutsche Bekleidungsunternehmen Müller Maßanzüge (MüMa) zeigte in den letzten Jahren ein konzentrisches Wachstum im Land des Unternehmenssitzes. MüMa verfügt über ein Herstellungsverfahren, dessen Wettbewerbsvorteil national und international nicht umfangreich ausgeschöpft ist. Nun gilt es die Wachstumspotentiale der ungenutzten Wettbewerbsvorteile mit einer klaren Strategie auszuschöpfen. Essentiell ist hierbei die Integration von Daten des Eigen- und Fremdbildes des Unternehmens und eine realistische Bewertung der Umfeldbedingungen. Die Ressourcensituation sollte als Minimumfaktor beachtet werden.

3.2 Vorgehen bei der Strategiefindung

Grundsätzlich ist die Analysephase als erste Phase des strategischen Managements zu sehen (Schönenberger M (2005).

Es folgen daraus weitere Schritte nämlich die Planung von erforderlichen strategischen Maßnahmen, die Durchführung derselben sowie die Erfolgskontrolle, wie Abbildung 5 darstellt.

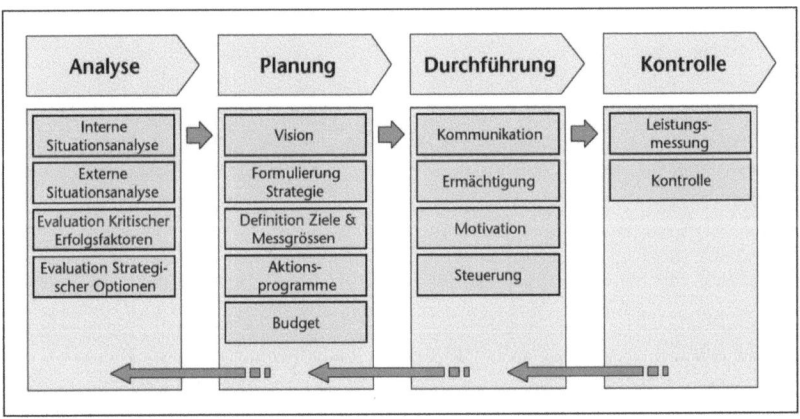

Abbildung 5: Phasen des strategischen Managements (Schöneberger M (2005))

3.3 Literaturrecherche im Rahmen der Umfeldanalyse

Das Geschäftsumfeld eines Unternehmens besteht aus der Gesamtheit der externen Einflussfaktoren, die sich auf Entscheidungen und Leistungen auswirken (Grant M (2014), S. 90f). Zur Sicherstellung einer Evidenzbasis zum Geschäftsumfeld von MüMa wurde im Rahmen einer orientierenden Makroumfeldanalyse eine Literaturrecherche in der WISO und

15

der EBSCO Datenbank mit den Suchbegriffen Textilindustrie, Textilbranche, Bekleidungsindustrie, Bekleidungsunternehmen, Bekleidungswirtschaft, Fashion Markt, Fashion und Textile industry (jeweils Erscheinungsjahr ab 2016) durchgeführt. Tabelle 2 gibt eine exemplarische Aufstellung von Artikeln zu diesen beiden Themenkomplexen

Im Ergebnis lässt sich zusammenfassend feststellen, dass der Textilindustrie in den kommenden Jahren große Veränderungen bevorstehen (Diebel J (2020). Die beiden Megatrends Nachhaltigkeit und Digitalisierung aber auch der zunehmende Wunsch nach Individualisierung von Produkten im höheren Preissegment sind hierbei die Markttreiber. Diese dynamischen Kräfte stellen Textilunternehmen vor große Herausforderungen in den nächsten Jahren, bieten darüber hinaus aber essentielle Chancen, um Wettbewerbsvorteile zu generieren.

Autor	Titel	Nachhaltigkeit	Digitalisierung
Bangert A (2020)	Von wild bis fair: Go green	X	
Zander R (2020)	Nachhaltigkeit als Chance für die deutsche Textilindustrie	X	
Erth H (2017)	Nachhaltigkeit in der Textilindustrie ist möglich und ökonomisch sinn	X	
Pavan KM (2020)	Plants to products: Starch, a low cost and biodegradable raw material in textile process chain	X	
Anson R (2017)	Biodegradability, hybrids and recycling: routes to sustainability in the fibre, textile and apparel industry?	X	
Müller E (2017)	Entwicklung der Smart Factory für die Textilbranche. Wie die Digitalisierung die Textilproduktion verändert Developing the Textile Smart Factory - How Digitization Changes Textile Production		X
Artschwager A (2017)	Textil digital - die Zukunft der textilen Produktion am Beispiel des Strick-Clusters Baden-Württemberg		X
Zschenderlein D (2017)	Herausforderung Zukunft - INDUSTRIE 4.0 in der Textilindustrie		X
Küsters D (2017)	Textile Learning Factory 4.0 - Preparing Germany's Textile Industry for the Digital Future		X
Clauß M (2017)	Weberei 4.0. Nachhaltig konkurrenzfähig durch intelligente Planung Weaving 4.0 - Competitive through smart planning	X	X
Diebel J (2020)	Die Textilindustrie wird zum Problemlöser	X	X

Tabelle 2: Megatrends in der Textil- und Bekleidungsindustrie in der Literatur

3.4 Marktstrategien des Unternehmens Müller Maßanzüge

Vor der Formulierung von Wachstumsoptionen für MüMa sind drei Vorarbeiten essentiell Paul, Wollny, S. 285): Erstens sollte eine klare Beschreibung der aktuell bearbeiteten Märkte sowie der angebotenen Produkte und Dienstleistungen erfolgen. Zweitens ist es sinnvoll mittels einer SWOT-Analyse Stärken und Schwächen der zu analysieren Geschäftseinheit bzw. des Gesamtunternehmens zu erfassen. Drittens ist ein gutes Verständnis der Formalziele des Unternehmens für die nächsten Jahre notwendig.

Nun gilt es anschließend für MüMa Optionen entlang der Ansoff-Matrix und der idealen Z-Strategie zu entwickeln, die im Folgenden vorgestellt werden. Hierbei bieten sich – nach Ansoff – grundsätzlich vier Optionen für das Erreichen eines weiteren Umsatzwachstums an, die differenziert zu betrachten sind:

Marktdurchdringung

Das Unternehmen MüMa konnte sich bislang erfolgreich am deutschen Markt etablieren. Es fand ein als organisch zu bezeichnendes konzentrisches Wachstum statt. Bei der Strategie der Marktdurchdringung könnte MüMa versuchen, seinen Marktanteil für hochwertige Anzüge in Deutschland zu erhöhen.

Auch im reifen Markt bestehen für MüMa noch Optionen zur besseren Marktdurchdringung. Paul und Wollny beschreiben ebenso wie Macharzina und Wolf eine Reihe von Ansatzpunkten, um die Marktdurchdringung zu verbessern (Paul H & Wollny V (2020), S. 285) (Macharzina K & Wolf J (2018), (S. 346). Es bestehen hier die Optionen die Produktnutzung durch bestehende Kunden zu erhöhen. Neben der Neukundenakquise ist die Bindung von Bestandskunden essentiell. Es bestünden die Möglichkeiten hierzu vermehrt Werbung für die bestehenden Anzüge zu initiieren, um Kunden zu überzeugen nur noch Anzüge von MüMa zu kaufen. Darüber hinaus können hier Preisnachlässe sinnvoll eingesetzt werden, so dass beispielsweise beim Kauf von zwei Anzügen der zweite eine Preisreduktion erfährt. Zudem könnte ein erweitertes Netz von Filialen eingerichtet werden, um die Erreichbarkeit vor Ort zu verbessern.

Ein hoher Individualisierungsgrad der Anzüge von MüMa fördert dabei den Aufbau von Wechselbarrieren, da mit zunehmender Individualisierung auch der Austausch durch Substitute, wie sie bei der Five-Forces -Analyse nach Porter beschrieben werden, erschwert wird (Porter ME (1980). Hier könnte dem zunehmenden Trend nach Individualisierung in Hochpreissegmenten noch weiter entsprochen werden, wenn man nur eine geringfügige Änderung hinzufügt, wie beispielsweise eine silberne Naht am Revers. Durch das Angebot individualisierter Produkte kann MüMa Wettbewerbsvorteile generieren, so dass man nicht Gefahr läuft mit Massenanbietern konkurrieren zu müssen, da diese ein grundlegend anderes Segment bearbeiten. Durch die Verstärkung des Eingehens auf Kundenwünsche lässt sich auch im bestehenden Markt noch Wachstum erzeugen. Paul und Wollny führen hier die Möglichkeiten an, Kunden von Konkurrenten zu überzeugen, beispielsweise durch eine bessere Differenzierung bzw. ein ausdifferenziertes Nutzenversprechen. Neukunden des bestehenden Segments können durch Testkäufe und Werbung akquiriert werden, bei der man bei MüMa wiederum den Fokus auf die Individualität der Anzüge legen sollte (Paul, Wollny S. 285). Zusammenfassend ergeben sich für MüMa vor dem Hintergrund der günstigen Umweltbedingungen (z. B. das unter 3.3 aufgezeigte wachsende Bedürfnis nach sozial und ökologisch vertretbaren, individuellen Produkten), durch die Stärken und die Konfiguration des Unternehmens Chancen im aktuell bearbeiteten Marktsegment mit dem bestehenden Produktportfolio Wachstum zu generieren.

Die erforderlichen Investitionen betreffen in erster Linie den intensivierten Einsatz marketingpolitischer Instrumente und Preissenkungsstrategien und sind daher als gering zu bewerten und zudem gut zu kalkulieren. Trotz alle dem sind auch vor dem Hintergrund der verhältnismäßig günstigen Umweltbedingungen in Korrelation zu MüMa das Wachstumspotential mittels Marktdurchdringung und dessen Renditechancen als überschaubar zu deklarieren. Hinzu kommt nämlich erschwerend die Langlebigkeit der Anzüge und die grundsätzlich begrenzten Potentiale des Marksegments mit seinem Nischencharakter.

Kritisch zu hinterfragen ist hierbei auch, ob ein aggressiver Versuch der Marktanteilserhöhung durch intensive Marketingmaßnahmen und die Senkung von Preisen nicht im Widerspruch zu einem wesentlichen Teil des Nutzenversprechens von MüMa, nämlich individuellen hochwertigen Anzügen, stehen.

Marktentwicklung

Aufgrund der limitierten Potentiale der Marktdurchdringung gilt es für MüMa auch den nächsten Schritt der Marktentwicklung mit Optionen zu hinterlegen und zu diskutieren. Dies liegt insbesondere für alle Unternehmen nahe, die wie MüMa nicht den gesamten Markt bzw. große Teilbereiche desselben, sondern nur ein einzelnes Segment bedienen (Nische) (Müller-Stewens G & Lechner C (2016), S. 252). Die Marktentwicklung von MüMa kann sich grundsätzlich in 3 Richtungen bewegen. Es kann eine Expansion geographisch erfolgen, es können neue Käufergruppen akquiriert werden und zuletzt kann auf andere Kundenbedürfnisse eingegangen werden (Müller Stewens G & Lecher C (2016), S. 252). Hinsichtlich der räumlichen Markterweiterung stehen MüMa die grundsätzlich die regionale, die nationale und die internationale Expansion zu Gebote (Macharzina K & Wolff J (2018), S. 346, Paul H & Wollny V (2020), S. 285f). Bei der internationalen Expansion kann noch die Expansion in das europäische Ausland von der Expansion in den amerikanischen und den asiatischen Markt unterschieden werden. Aufgrund der regionalen Nähe zu den

Nachbarländern, wie Frankreich, Polen, Dänemark, Österreich, Schweiz, etc. erscheint eine solche Marktentwicklung vergleichsweise einfach umsetzbar, lassen sich doch die erforderlichen Dienstleistungen und die erforderliche Logistik einfach übertragen. Auch die Kundenansprüche werden im Segment von MüMa ähnlich gelagert sein. Aufwändiger erscheint die Markerweiterung in den amerikanischen und asiatischen Raum. Hierbei gilt es neu Vertriebs- und Logistikstrukturen aufzubauen und die Chancen der Digitalisierung und den Online-Handels vollumfänglich zu nutzen (Küsters D (2017).

Eine zweite Möglichkeit der Markterweiterung stellt für MüMa die Gewinnung neuer Marktsegmente dar (Paul H & Wollny V (2020), S. 285). Eine Kundenanalyse kann Auskunft darüber geben, welches die primäre Zielgruppe von MüMa ist. Wenn es vornehmlich die arrivierte Ü40 Business Käufergruppe war, so kann nun junge Käuferschicht und die Berufsanfänger angesprochen werden. Auch hier stellt der unter 3.3. dargestellte Nachhaltigkeitstrend einen positiven Faktor dar. Als Mittel sind hier die Entwicklung neuer Produktvariationen, die Erschließung neuer Distributionskanäle und die Werbung in bislang ungenutzten Medien zu nennen (Macharzina K & Wolf J (2018), S.346).

Hierbei bietet sich ebenso wie bei der geographischen Expansion die optimierte Nutzung der Chancen der digitalen Welt an.

Investitionen für den Aufbau eines Online-Vertriebs betreffen vorrangig die Implementierung und die Pflege digitaler Strukturen. Diese Strukturen, die u.a. die Bereiche Logistik und Zahlungsabwicklung sowie die Gestaltung eines Online-Auftritts zum Kauf und zur Kundenakquise kann zunächst oder dauerhaft ebenso von externen Anbietern bezogen werden wie die Durchführung eines zielgruppenbezogenen Marketings in den internationalen Zielmärkten.

Chancen für erfolgreiches Wachstum durch Marktentwicklung bieten sich für MüMa insbesondere durch die unter 3.3. eruierte Veränderung des Konsumverhaltens hin zur Nachhaltigkeit und der stärkeren Nachfrage nach digital verfügbaren Produkten.

So zeigt sich der besondere Stellenwert des Internets als Vertriebsweg im anhaltenden Wachstum der Online-Umsätze des deutschen Einzelhandels (Zitat, Textil als Retter). Auch der Stellenwert der deutschen Textilindustrie und ihr positiver Ruf im qualitativ hochwertigen Segment spielt eine nicht zu vernachlässigende Rolle.

Vorteile des Online Handels liegen hier sowohl in der Betrachtung der geographischen Erweiterung als auch der Eroberung neuer Marksegmente in der globalen 24h Präsenz, ubiquitär und rund um die Uhr, der einfachen Kaufabwicklung und der Gewinnung von weiteren Kundendaten. Die Nachteile sind im initialen hohen technischen Aufwand in einem Feld ohne eigenes Know-How, in der neuen Konkurrenzsituation und der neuen Art der Kundenkommunikation zu sehen.

Weitere Vorteile der Digitalisierung von MüMa liegen neben dem Aufbau digitaler Vertriebsstrukturen darin, dass Prozessabläufe formalisiert und optimiert, sowie bestehende Serviceleistungen im Hinblick auf die Verbesserung der Kundenzufriedenheit ausgebaut werden können (Reichwald R & Piller F. (2009). Nicht zuletzt bietet der Aufbau eines Online-Vertriebs verbesserte Möglichkeiten der dynamischen Anpassung des Unternehmensportfolios. Ein letzter Aspekt der virtuellen Umgebung ist die Möglichkeit der Kostenreduktion durch die Übertragung von Teilen der Prozessarbeit auf den Kunden. Mit Hilfe von Eingabemasken und Anleitungen müssen zeit- und arbeitsintensive Prozesse, wie das Vermessen und das Eingeben der Messdaten vom Kunden selbst übernommen werden.

Schlussendlich wird auch auf dem Boden der Umfeldanalyse unter 3.3deutlich, dass für MüMa in der Entwicklung neuer Märkte große Chancen zur Nutzung bislang brachliegender Potentiale liegen.

Produktentwicklung

Die nächste Marktstrategieoption für MüMa nach der Z-Strategie besteht in der Produktentwicklung. In diesem Zusammenhang bieten sich zwei Optionen: zum einen können neue Produktmerkmale entwickelt werden, zum anderen kann eine Entwicklung von Qualitätsvariationen erfolgen, was eine Produkterweiterung in völlig fremde Produktbereiche darstellt Macharzina K & Wolf J (2018), S. 346).

Durch den zuvor beschrittenen Weg der Digitalisierung und des Online-Tradings, der den Vorteil der Generierung vielfältiger Kundendaten, auch über beim Kauf integrierte Kundenbefragungen liefert, bietet sich im Bereich der Produktentwicklung die Möglichkeit, dem Trend bzw. dem Potential der Individualisierung von Hochpreisprodukten (vergleiche die deutsche Autoindustrie) zu folgen und Produktvariationen zu kreieren, die exakt auf die Kundenwünsche zugeschnitten sind Reichwald R & Piller F. (2009). Durch diese Outside-In Perspektive lassen sich wichtige Innovationen (open innovations) initiieren.

Bei der Produktmodifikation stellt erneut der Aspekt der Nachhaltigkeit einen wichtigen Motor für Wachstum und die Generierung dauerhafter Renditen in einem dynamischen Unternehmensumfeld dar (Erth H (2017), Zander R (2020). Neben der Verwendung besonders nachhaltiger Materialen (Recycling-Fasern, Produkte aus CO_2 neutraler Produktion etc.) stellt die Herstellung und die Verwendung technischer Fasern einen entscheidenden Wachstumsmotor der deutschen Textilindustrie dar (Tagesspiegel (2018). Auch in diesem Bereich könnte MüMa Potentiale zu nutzen versuchen. So muss untersucht werden, ob durch die Verwendung technischer Materialen nicht neuer Kundennutzen und neue Nutzwertversprechen generiert werden können. Dies könnten in einer besseren Funktionalität, einer Knitterfreiheit oder ggf. auch in der Reduktion von Keimbelastungen liegen. Letzterer Aspekt erfährt – ohne jetzt zu sehr in mikrobiologische und infektiologische Details abgleiten zu wollen – vor dem aktuellen Hintergrund und der weltweiten COVID-19 Pandemie eine interessante Produktinnovation darstellen zu können.

Wenn bislang ausschließlich Anzüge bei MüMa maßgeschneidert wurden, so böte es sich selbstredend an, nun auch naheliegende Produkte wie maßgeschneiderte Hemden anzubieten.

Dies dürfte für MüMa vergleichsweise leicht umzusetzen sein, verfügt man doch bereits weitgehend über das erforderliche Wissen und die erforderlichen Produktionsanlagen und - abläufe.

Abschließend bleibt festzustellen, dass mit dem Innovationsgrad zwar das potentielle Wachstum steigt, dies jedoch mit steigenden Kosten und Risiken verbunden sind. Kosten bei der Innovation und das Risiko, dass diese Innovation keine Käufer findet.

Durch ein „maßgeschneidertes" antizipatorisches Outside-In Handeln und Produzieren basierend auf den individuellen Kundendaten, die durch den neuen Onlinehandel gewonnen werden, lässt sich aber der Innovationsdruck auf MüMa reduzieren.

Diversifikation

Bei der Diversifikation werden die Entwicklung neuer Produkte mit der Markterweiterung verbunden, hat nach Ansoff den geringsten Synergieeffekt und ist die radikalste der Markstrategien (Macharzina K & Wolf J (2018), S. 346). Nach Paul & Wollny kann die vertikale von der konzentrischen und der lateralen Diversifikation unterschieden werden Paul H & Wollny V (2020), S. 286). Während die vertikale Integration als Vorwärts bzw. Rückwärtsintegration entlang der Wertschöpfungskette sich in Hinblick auf die Rentabilität vornehmlich für Unternehmen mit großen Absatzmengen eignet, erscheint die konzentrische und dann auch die laterale Diversifikation für MüMa grundsätzlich geeignet. Schließlich ist Diversifikation immer dann potentiell vorteilhaft, wenn ungenutztes Potenzial in der Organisation vorliegt, wie es bei MüMa der Fall ist. Darüber hinaus kann eine Diversifikation funktionieren, wenn bestimmte Fähigkeiten der Unternehmenszentrale auf neue Märkte und Produkte übertragen werden können. Die Diversifikation kann als „Relaunch" eines etwas in die Jahre gekommenen Unternehmens mit soliden, aber nicht mehr innovativen Prozessen und Produkten gelten. Auch wenn mit ihr die größten Risiken verbunden sind, so birgt sie auch die Chance am besten ungenutztes Potential zu nutzen, um Renditen zu generieren. So haben sich die Umweltbedingungen – wie zuvor dargelegt – überaus dynamisch in der Textil.- und Bekleidungsindustrie verändert. In Bezug auf MüMa bietet es sich förmlich an, nachdem man im Zuge der Markterweiterung einen funktionierenden Online-Handel aufgebaut hat, nun auch in das Segment der Damenbekleidung einzusteigen. Ziel muss es sein hier, die gleichen Wert- und Nutzwertversprechen wie im Herrensegment aufrecht zu erhalten unter Beachtung der neuen Käufergruppe der Damen. Dabei sollte darauf geachtet werden, dass Synergien basierend auf der existierenden digitalen Infrastruktur zwar genutzt, wird, für den Kunden aufgrund der Markenidentität aber eine klare Differenzierung bezüglich der Marktsegmente vorgenommen wird.

Die Eigenschaften Nachhaltigkeit, Funktionalität und Individualität müssen in jedem Marktsegment und für jede Käuferschicht bei jedem Produkt von MüMa synonym für das Unternehmen stehen, was dessen einzigartiges Nutzenversprechen hinterlegt.

Zu guter Letzt kann neben dem Business-Segment für Damen schließlich auch der Casualmarkt oder gar der Sportmodemarkt für MüMa in die Betrachtung aufgenommen werden, immer unter der Prämisse, dass die neue Fertigungsmethode in Verbindung mit den neuen Vertriebsstrukturen und der Nutzung des digitalisierten Unternehmens im Industrie 4.0-Zeitalter dauerhafte Rendite generieren kann und gleichzeitiger Minimierung der Risiken (Müller E et al. (2017).

Strategisches Konzept am Markt

In der Konklusion des oben Festgestellten, ergibt sich für MüMa ein am ehesten iterativer Vorgang der Marktstrategieoptimierung, der der Ansoff'schen Z-Strategie folgt. Obligat erscheint es, Polypragmasie zu vermeiden und dennoch kontinuierlich und ohne Pause den Prozess hin zu einem Unternehmen MüMa 2.0, das im 21. Jahrhundert angekommen ist und in der Lage ist, die Chancen der Megatrends zu nutzen und sie synergistisch mit den eigenen aufgebauten Prozessen und Strukturen wie der neuen Fertigungstechnologie zu verbinden. Integration der herausgearbeiteten vielversprechendsten Optionen hin zu Digitalisierung, Individualisierung und Nachhaltigkeit.

Durch die zunächst anstehende Optimierung der Marktdurchdringung ist zwar aufgrund des limitierten Marktpotentials nur moderates Wachstum möglich, dennoch lassen sich auf diese Weise die Voraussetzungen für die Erschließung neuer Nischenmärkte schaffen und sie kann der Festigung der vorhandenen sinnvollen Strukturen und Prozesse dienen. Daher sollte die Marktdurchdringung den weiteren Strategien vorangestellt werden, vor allem da MüMa über neue einzigartige Technologien verfügt, gilt es diesen zeitlich befristeten Wettbewerbsvorteil zunächst auszuschöpfen. Wichtigsten nächster Schritt für die Erschließung neuer Märkte und die folgenden Schritte ist der Aufbau digitaler Vertriebsstrukturen. Hier lässt sich zum einen der Markt geographisch erweitern als auch ein neues Marktsegment, nämlich das der jungen Digital-Natives erobern. auf der Basis kalkulierbarer Kosten die Basis für die weiteren Strategien auch langfristig schaffen und auch eine mögliche Datenbasis für die Schaffung neuer Produktlinien durch verbesserte Informationen über den Kunden und seine Wünsche.

Anschließend bieten sich für MüMa als grundsätzlich innovationsaffinem Unternehmen auch durch die einzigartige Fertigungstechnologie einige vielversprechende Möglichkeiten für Produktinnovationen, bei denen auch der Megatrend Nachhaltigkeit bedient werden sollte. Zudem bietet die Integration der Vorteile des Standorts Deutschland mit zukunftsträchtigen neuen technischen Stoffen die Möglichkeit innovativ am Markt neue Nutzenversprechen zu generieren. Abschließend ist der Schritt in die Diversifikation als konzentrische oder laterale Diversifikation ein nicht mehr so großer einzustufen und eher naheliegend, um auch die im Rahmen der durchlaufenen strategischen Schritte ermöglichten Synergieeffekte effizient zu nutzen.

3.5 Wettbewerbsstrategien des Unternehmens Müller Maßanzüge
In Gefahr und großer Not bringt der Mittelweg den Tod" (Friedrich von Logau, Deutscher. Schriftsteller, 1605-1655)

Das Konzept des Wettbewerbsvorteils beschreibt die Implementierung einer unternehmendspezifischen, einzigartigen Strategie, die Kosten reduziert, Marktmöglichkeiten ausnutzt und Risiken neutralisiert (Barney J (1991), S. 102f). Die Performance fasst die vom Unternehmen erwirtschafteten Renten resultierend aus der Implementierung von Strategien zusammen. Ein Wettbewerbsvorteil wird vom Kunden entweder durch einen niedrigeren Preis bei gleicher Leistung oder durch eine überlegene Leistung bei gleichem Preis wahrgenommen (Hungenberg H (2001), S. 150; Porter ME (1985), S. 21). Somit muss sich ein Unternehmen für einen generischen Weg entscheiden, um nicht Gefahr zu laufen „in der Mitte festzustecken"/"stuck in the middel" und weder die Chancen der einen noch die der anderen Strategie nutzen zu können (Porter ME (1980), S. 41). Die generischen Strategien nach Porter werden anders als andere Managementmethoden nicht in einer Schrittfolge angewendet, sondern es erfolgt einen Entscheidung anhand definierter Kriterien (Hax & Wilde (2001).

Kostenführerschaft

Bei der Strategie der Kostenführerschaft unterscheidet sich das Produkt hinsichtlich seiner Funktionen und Qualitäten nicht maßgeblich von dem der Konkurrenz. Das Unternehmen besitzt aber einen Vorteil in der Kostenstruktur, sodass grundsätzlich zwei Möglichkeiten bestehen. Das Unternehmen kann auf diese Weise zum Preisführer werden und das Produkt mehr nachgefragt werden oder es behält die höhere Marge (Hungenberg H (2001), S. 151f). Es können verschiedene Methoden für Kostenführerschaftsstrategien, die somit letztlich zu einem Wettbewerbsvorteil der Kostenführerschaft führen, unterschieden werden (Grant M (2014). Kostenvorteile werden dabei durch Skaleneffekte, Senkung der Herstellungskosten, Reduktion von Ausgaben für Forschung, Entwicklung und Serviceleistungen sowie die effiziente Ausgestaltung von Vertrieb und Werbemaßnahmen erreicht.
Um mit der Strategie der Kostenführerschaft und seine möglichen Methoden erfolgreich nutzen zu können, müssen beim Unternehmen eine Reihe von Charakteristika vorliegen. Von besonderer Bedeutung sind neben günstigen Faktorkosten die Erzielung von Skalen-und Lerneffekten. Diese Effekte sind im produzierenden Gewerbe maßgeblich von der

produzierten Stückzahl bzw. der Ausbringungsmenge abhängig. Das bedeutet, dass je mehr Produkte eine Organisation produziert und absetzt, umso größer ist das Potential über die die oben beschriebenen Effekte die Stückkosten zu senken und eine Kostenführerschaft zu generieren. Überdies setzt das Ziel der Kostenführerschaft als conditio sine qua non eine Unternehmenskultur bei MüMa voraus, die im Grunde bedingungslos die Kostenreduktion auch in die Unternehmensphilosophie integriert und zentral verankert. Beim Abgleich der Möglichkeiten der Kostenführerschaft für MüMa und den gegebenen Voraussetzungen im Unternehmen fällt eine nicht zu vernachlässigende Diskrepanz auf.

Die genannten Voraussetzungen zur Nutzung der Effekte sind bei MüMa nicht oder nur sehr unzureichend gegeben und auch nicht ohne unkalkulierbare Kosten und Risiken zu schaffen. So kann MüMa aufgrund der geringen Wettbewerbsbreite Skalen- und Verbundeffekte deutlich weniger nutzen oder nutzbar machen als bereits etablierte internationale Anbieter von hochgradig standardisierter Bekleidung (z.B. H & M, ZARA etc.). Der Markt von günstigen qualitativ akzeptablen Bekleidung wird durch diese großen Handelskonzerne mit eigenen Zulieferern dominiert, die erheblich größere Ausbringungsmengen und damit erheblich höhere Skalen- und Lernerträge erzielen können als MüMa.

Die individuelle Fertigung bei MüMa stellt ein bedeutendes Charakteristikum des Unternehmens MüMa dar und ist ein Teil der Unternehmensidentität. Die starke Qualitätsorientierung bei MüMa spricht tendenziell gegen eine bedingungslos kostenorientierte Organisationskultur. Die Fertigung an einem deutschen Standort lässt auf entsprechend hohe Faktorkosten schließen und erfordert mit Sicherheit eine hohe Expertise bei der Fertigung aufgrund der individualisierten Anpassung an Kundenwünsche und Kundenmaße. Denn auch wenn MM eine Teilstandardisierung zugunsten der Senkung der Produktionskosten implementiert, bleibt der Kostentreiber der Serviceleistungen als wesentliches Differenzierungsmerkmal unabdingbar.

Differenzierung

Bei der Strategie der Differenzierung steht das Bestreben des Unternehmens im Vordergrund ein Einzigartiges Produkt zu schaffen, bei dem der Kunde bereit ist mehr zu bezahlen (Hungenberg H (2001), S. 151). Hierüber kann ein Unternehmen wie MüMa auch in Marknischen mit geringem Stückabsatz rentabel sein. Das Angebot muss darauf ausgerichtet sein, die Bedürfnisse der Kunden besonders gut zu erfüllen, d. h. beispielsweise durch eine besonders hohe Funktionalität, eine besonders einfache Nutzbarkeit oder ein besonders hochwertiges Design. Das Angebot wird sich dadurch in der Regel stark von den Mitbewerbern abheben und hat den Anspruch besonders gut von den Bedürfnissen der Kunden her abgeleitet zu sein.

Die Differenzierungsstrategie erscheint aus verschiedenen Gründen passgenau für das Unternehmen MüMa zu sein. Hierin finden sich die Kernelemente des Unternehmens

Individualität, Nachhaltigkeit und Funktionalität wieder. Kern der Strategie muss es sein, dem Kunden den Mehrwert klar zu verdeutlichen und neben objektivem Mehrwert auch einen subjektiven emotionalen Mehrwert zu schaffen, der im Idealfall in einem herausstechenden Markenimage mündet (Grant RM (2014), S 231). Folgendes ist als Grundvoraussetzung der erfolgreichen Umsetzung der auf Differenzierung basierenden Strategie von MüMa zu beachten: Da sie auf individuelle Einzigartigkeit ausgelegt sein muss, kann sie damit schlecht auf Methoden und Konzepte zurückgreifen, die bei anderen Organisationen bereits verwendet werden Zur weiteren Entwicklung und Ausgestaltung der Differenzierungsstrategie bei MüMa ist es deshalb erforderlich, dass MüMa als Organisation in hohem Maße kreativ ist und bleibt. Dies war offenbar zuletzt so gegeben, was sich auch in der neuen Fertigungstechnologie manifestierte. Kreativität im Unternehmen MüMa muss weiter gefördert werden, was gegebenenfalls auch Anpassungen der Unternehmensprozesse nach sich ziehen kann. Kreativität lässt sich schlecht planen, man kann ihr aber einen bestimmten definierten Rahmen geben (Mettig T (2018), S. 150ff). Insbesondere aus Sicht des hier dominierenden fähigkeitenorientierten Ansatzes bei MüMa, bei dem Individualität und Innovation eine zentrale Bedeutung für die Schaffung und Erhaltung von Wettbewerbsvorteilen und somit für die Rentabilität zukommt, ist es und essentiell für das Überleben von MüMa immer wieder aufs Neue Dinge anders bzw. besser machen seine Wettbewerber. Wichtig erscheint es nicht in die Falle zu tappen, wenn man mit einem bestimmten Leistungsangebot bzw. einer bestimmten strategischen Ausrichtung Erfolg hat, nicht in ausreichendem Maße Anstrengungen zur Erneuerung des eigenen Leistungsangebots und die Fortentwicklung neuer Technologien und Verfahren zu unternehmen. Aus diesem Grund kommt der kontinuierlichen Innovation eine zentrale Rolle bei MüMa zu.

Zusammenfassung der Wettbewerbsstrategien von Müller Maßanzüge

In der Conclusio des oben Festgestellten wird klar, dass für MüMa nur das Ziel einer Differenzierung bzw. Fokussierung möglich und sinnvoll erscheint. Tabelle 3 stellt eine Stärken-Schwächen-Analyse kritischer Erfolgsfaktoren für die beiden Wettbewerbsstrategien dar. Durch eine Differenzierungsstrategie können die gegeben Umfeldfaktoren, die aktuelle Marktsituation, die Branchenstruktur und die Möglichkeiten und Grenzen des Unternehmens MüMa in eine praktikable und erfolgversprechende Wettbewerbsstrategie umgesetzt werden. Durch eine Differenzierungsstrategie kann es gelingen den Ansprüchen des Marktes (z.B. Individualität, Nachhaltigkeit, Funktionalität) mit den Möglichkeiten des Unternehmens MüMa (eigene optimierte Fertigungstechnologie, gutes Image, hohe Qualität) zu begegnen und synergistische Effekte zu generieren, die durch ein effektives Nutzenversprechen und einen Mehrwert für den Kunden eine potentiell dauerhafte Rentabilität generieren. Ein wichtiges

Kernelement für die Zukunft von MüMa stellt damit der Erhalt und der weitere Ausbau einer individuellen und innovativen Unternehmensphilosophie dar.

Kritischer Erfolgsfaktor	Stärke	Schwäche
Nutzung von Skaleneffekten		X
Hohe Ausbringungsmengen		X
Komplette Standardisierung		X
Nutzung von Lerneffekten		X
Hoher Grad vertikaler Diversifikation		X
Produktion im Niedriglohnbereich		X
Weite Verbreitung am Markt		X
Nachhaltigkeit	X	
Individualität der Produkte	X	
Innovationsfreundliche Unternehmensphilosophie	X	
Funktionalität	X	
Einzigartiges Design	X	
Markenimage	X	

Tabelle 3: Stärken-Schwächen-Analyse von kritischen Erfolgsfaktoren der beiden generischen Wettbewerbsstrategien (orange: Faktoren der Kostenführerschaftsstrategie, grün: Faktoren der Differenzierungsstrategie

4. Diskussion

Kernaufgabe des Managements ist es das Unternehmen den dynamischen Umfeldbedingungen anzupassen mit dem Ziel Wachstum und damit dauerhafte Rentabilität zu generieren. Um Managemententscheidungen transparenter, nachvollziehbarer und in gewisser Weise evidenzbasierter gestalten zu können, bedient man sich sog. Managementtools Schawel, C & Billing F (2017). Mit der Ansoff-Matrix zur Festlegung der Marktstrategie und des Porter´schen Modells der Wettbewerbsstrategie mit den Kernpolen Differenzierung und Kostenführerschaft stehen dem Manager 2 dieser Tools zur Verfügung, um diese dynamische Anpassung auf Markt- und Wettbewerbsebene zu realisieren und in Unternehmensstrategien umzusetzen.

Hierbei sind diese beiden Modelle nicht unumstritten (Paul Wollny Seite 286,). Hinsichtlich der Ansoff-Matrix kann kritisiert werden, dass diese grundsätzlich am Bewährten festhalten will und das Modell keine konkreten Strategieempfehlungen liefert, sondern nur grobe Leitlinien (Marcharzina, Wolff). Zusätzliche detaillierte Analysen sind dann allerdings erforderlich, um konkrete Handlungsweisen abzuleiten. Was gänzlich bei Ansoff fehlt, ist der Bezug zur Konkurrenz und Strategieoptionen werden als „Certeris-paribus-Bedingung" entwickelt Paul H & Wollny V (2020). Auch kann die binäre Unterscheidung in neu und bestehend als nicht eindeutig gewertet werden. So kann neu als grundsätzlich neu oder als neu für das Unternehmen gewertet werden. Zudem ist die Option einer Reduzierung des Angebots bzw. der bearbeiteten Märkte in der ursprünglichen Matrix nicht enthalten und musste erst später hinzugefügt werden. Auch darf nicht unerwähnt bleiben, dass das Vorgehen nach Ansoff nur eine Methode darstellt, um Wachstum am Markt zu ermöglichen., Zum Beispiel wählen Haberberg und Rieple einen anderen Ansatz bezüglich der Einteilung von Wachstum wählen Haberberg A & Rieple A (2008).

Teil der Kritik kann jedoch in Bezug auf die gestellte Aufgabe alleine dadurch entkräftet werden, dass hier das marktbezogene Denken durch das wettbewerbsbezogene Denken ergänz wird, da sich Porter sehr wohl auf die Interaktion zum Mitbewerber bezieht (Porter ME (1980). Die Anwendung der Wettbewerbsstrategien nach Porter kann damit als synergistische Erweiterung in der gestellten Aufgabe gewertet werden, um die Informationsbasis hinsichtlich der Wettbewerbssituation abzubilden. Dennoch bleiben letztlich auch in der Symbiose beider Konzepte Effekte der Wechselwirkungen zwischen Unternehmen und Markt weitestgehend unberücksichtigt. So nehmen Unternehmen alleine durch ihre eigene Positionierung im Wettbewerb bereits Einfluss auf die Markarchitektur. Das dynamische Gefüge des Wettbewerbs befindet sich im ständigen Wandel. Zudem bleiben bei Porter in seiner binären Unterscheidung zahlreiche Faktoren unberücksichtigt. Simon (1998) davon aus, dass eine Kategorisierung in Wettbewerbsvorteile nicht existieren kann, da jeder Wettbewerbsparameter relevant sein kann und Wettbewerbsvorteile markt- und produktspezifisch sind. Somit wäre es sehr individuell und umfangreich (Simon H (1988), S. 8f).

Abschließend bleibt festzuhalten, dass beide Modelle hilfreich sein können, als grundlegende generische Denkraster zu fungieren, um Entscheidungen zu erleichtern und zahlreiche – wenn auch nicht alle - Faktoren zu berücksichtigen. Hierbei stellen sie sicher eher einfache Modelle dar, was immer eine Adaptation und detaillierte Ausgestaltung auf den konkreten Fall zur Folge haben muss. Sie helfen aber somit das konklusive Entscheidungsdenken zu strukturieren. Das Denken in Produkt-Markt- Kombinationen unterstützt auf diese Weise die fokussierte Betrachtung, mit welcher Priorität die jeweiligen Veränderungen der Aktivitäten einer Organisation anzugehen sind und die Porter'schen Wettbewerbsstrategien helfen, externe und interne Faktoren zu betrachten, um eine realistische Stoßrichtung einschlagen und dann auch unternehmensintern kommunizieren zu können.

5. Fazit

„Tiefgreifende und turbulente Veränderungen im Aufgabenumfeld schaffen neue, kritische Anforderungen an die Wettbewerbsfähigkeit von Unternehmen" Unternehmensführer sind herausgefordert, das vorherrschende Geschäftsverständnis zu hinterfragen, neue Quellen der Wirtschaftlichkeit zu erschließen und ihre Unternehmen beweglicher und lernfähiger zu gestalten Zahn E (2003).

Für MüMa lässt sich abschließend zusammenfassen: Das Unternehmen befindet sich ein einem dynamischen Markt, dessen Dynamik durch die weltweite CoVID-19 Pandemie verstärkt wurde. Neben einigen Risiken bieten sich aber aufgrund der Grundkonfiguration des Unternehmens einige substantielle Chancen. Die anstehende strategische Markt- und Wettbewerbsausrichtung muss sich darauf fokussieren , das Unternehmensprofil zu schärfen und exakt im geeigneten Markt zu positionieren. Hierbei müssen die aktuellen Entwicklungen hin zur Nachhaltigkeit und Individualität im höheren Bekleidungspreissegment durch die unternehmensseitigen Möglichkeiten der technisch hochwertigen Fertigung unterstützt und in das Gesamtkonzept integriert werden unter zeitgleichem Ausbau der Digitalisierung und des Internethandels. Damit ergeben sich für klein- und mittelständige deutsche Unternehmen wie MüMa . in ihrem Segment gute bis sehr gute Wettbewerbschancen Diebel J (2020).

6. Literaturverzeichnis

Ansoff HI (1965). *Corporate strategy: an analytic approach to business policy for growth and expansion.* New York 1965.

Ansoff HI (2007). *Strategic Management,* (Classic Edition; Originalausgabe 1979), Basingstoke, Hamphire, UK/London: Palgrave Macmillan.

Anson, Robin (2017). *Biodegradability, hybrids and recycling: routes to sustainability in the fibre, textile and apparel industry?,* Textile Outlook International, (2017) 185 , S. 4, ISSN: 0268-4764 (print)

Artschwager, Alexander ; Tilebein, Meike (2017). *Textil digital - die Zukunft der textilen Produktion am Beispiel des Strick-Clusters Baden-Württemberg,* In: Melliand-Textilberichte, 98 (2017) 4 , S. 195, WTI-Frankfurt eG, 2017/01/01., 2017, ISSN: 0341-0781 (print)

Bangert, André ; Wickerath, Christel ; Schwarz, Sebastian ; Bayer, Tobias (2020). *Von wild bis fair: Go green,* Textilwirtschaft, (2020-02-20) 8 , S. 62-65, ISSN: 0040-487X (print)

Barney J (1991). *Firm resources and sustained competitive advantage.* Journal of Management, 17(1991)1, S. 99-120.

Becker J (2013). *Marketing-Konzeption. Grundlagen des zielstrategischen und operativen Marketing-Managements.* 10. Aufl., Vahlen Verlag

Bleicher K (2017). *Das Konzept Integriertes Management. Visionen – Missionen - Programme,* 9. Auflage, Campus, Frankfurt.

Clauß, Michael ; Göhlert, Nadine ; Bojko, Michael ; Müller, Egon (2017). Weberei 4.0. Nachhaltig konkurrenzfähig durch intelligente Planung Weaving 4.0 - Competitive through smart planning, wt Werkstattstechnik online, 107 (2017) 4 , S. 261, WTI-Frankfurt eG, 2017/01/01., 2017, ISSN: 1436-4980 (print)

Diebel J (2020). Die Textilindustrie wird zum Problemlöser, Textilplus (2020-07-01) 7/8 , S. 6-9, ISSN: 2296-1208 (print)

Dillerup R. & Stoi R. (2006): *Unternehmensführung.* Vahlen Verlag, München

Gälweiler A (2005). *Strategische Unternehmensführung,* 3. Auflage, Campus, Frankfurt

Erth, Holger ; Schumann, Anton E (2017). *Nachhaltigkeit in der Textilindustrie ist möglich und ökonomisch sinnvoll,* TEXTILplus, 5 (2017) 1 , S. 6, ISSN: 2296-1208 (print)

Grant RM (2014). Moderne strategische Unternehmensführung. Konzepte, Analysen und Techniken. Wiley Verlag, Weinheim

Haberberg A & Rieple A (2008). *Strategic Management, Theory and Applications,* Oxford University Press

Hax & Wilde (2001) *The Delta Project, Discovering New Sources of Profitability in a Networked Economy,* New York, Palgrave Macmillan

Hungenberg H(2001). *Strategisches Management in Unternehmen. Ziele – Prozesse – Verfahren.* 2. Aufl., Springer Gabler, Wiesbaden 2001.

Johnson, Scholes & Whittington (2011). *Strategisches Management : eine Einführung ; Analyse, Entscheidung und Umsetzung.* 9. Aufl., London 2011.

Krippendorf W, Holst G & Richter U (2009). *Branchenanalyse Textilindustrie. Untersuchungen zur Situation und Entwicklung der Branchen Textilgewerbe,* IMU-Institut Berlin, 10997 Berlin

Küsters, Dennis ; Praß, Nicolina ; Gloy, Yves-Simon (2017). *Textile Learning Factory 4.0 - Preparing Germany's Textile Industry for the Digital Future,* In: Procedia Manufacturing, 9 (2017) , S. 214, WTI-Frankfurt eG, 2017/01/01., 2017, ISSN: 2351-9789 (print)

McKinsey (2021). *State of Fashion 2021,* https://www.mckinsey.com/industries/retail/ our-insights/state-of-fashion

Macharzina K & Wolf J (2018). *Unternehmensführung, Das internationale Managementwissen, Konzepte – Methoden – Praxis,* 10. Auflage, Springer Gabler, Wiesbaden

Mettig T (2018). *Grundfragen der Unternehmensführung* (2. Auflage.). Riedlingen: Studienbrief der SRH Fernhochschule.

Mintzberg H (1988). Generic strategies: Toward a comprehensive framework. In: Lamb, R. & Shrivastava, P. (Hrsg.): Advances in Strategic Management. Greenwich 1988, S. 70-82.

Müller, Egon ; Riedel, Ralph ; Bojko, Michael ; Göhlert, Nadine ; Döhler, Sten ; Merkel, Andreas et. al. (2017). *Entwicklung der Smart Factory für die Textilbranche. Wie die Digitalisierung die Textilproduktion verändert,* Industrie 4.0 Management - Gegenwart und Zukunft industrieller Geschäftsprozesse, 33 (2017) 3 , S. 73, ISSN: 2364-9208 (print)

Müller-Stewens G & Lechner C (2016). *Strategisches Management, Wie strategische Initiativen zum Wandel führen,* 5. Überarbeitete Auflage, Schäffer &Poeschel Verlag Stuttgart

Ohmae K (1994). *Japanische Strategien.* McGra-Hill, Maidenh.

Paul H & Wollny V (2020). Instrumente des strategischen Managements, Grundlagen und Anwendung, 3. Überarbeitete und erweiterte Auflage, De Gruyter, Berlin/Boston

Pavan Kumar Manvi ; Seide, Gunnar ; Gries, Thomas (2020). *Plants to products: Starch, a low cost and biodegradable raw material in textile process chain,* Aachen-Dresden-Denkendorf International Textile Conference , 10, (2020) , S. 1-1, WTI-Frankfurt eG, 2020/01/01., 2020

Haberberg A & Rieple A (2008). Competitive Strategy: Techniques for analyzing industries and competitors : with a new introduction/Michael E. Porter; The Free Press, New York

Porter ME (1985). Competitive Advantage. Creating and sustaining superior performance, New York

Powell T (2001). *Competitive advantage: logical and philosophical considerations.* Strategic Management Journal, 22(2001)9, S. 875-888.

Probaski A (2021). *Germanfashion legt Jahresbilanz vor: Deutschlands Modehersteller verzeichnen drastische Umsatzeinbrüche,* TextilWirtschaft/TextilWirtschaft online, dfv Mediengruppe, Deutscher Fachverlag, Frankfurt/München

31

Reichwald R & Piller F. (2009) *Interaktive Wertschöpfung in der Produktion: Individualisierung und Mass Customization.* In: Interaktive Wertschöpfung. Gabler. https://doi.org/10.1007/978-3-8349-9440-0_5

Renninger, W. (2016): Digitalisierung als Kernbereich des technischen Wandels. In: Klaus, H./Schneider, H. J. (Hg.): Personalperspektiven. Human Resource Management und Führung im ständigen Wandel. 12. Auflage. Wiesbaden: Gabler, S. 73–86.

Schawel, C & Billing F (2017). *Top 100 Management Tools. Das wichtigste Buch eines Managers; von ABC-Analyse bis Zielvereinbarung* (6., überarb. Aufl.). Wiesbaden: Springer

Schönenberger, M.(2005): *Strategisches Management im Krankenhaus.* Schweizerische Ärztezeitung 2005,86, Nr.9

Simon H (1988). Wettbewerbsvorteile und Wettbewerbsfähigkeit, Schäfer Verlag, Stuttgart

Statista (2021). https://de.statista.com/themen/1378/textil-und-bekleidungsindustrie-in-deutschland/ abgerufen am 1.5.2021

Statistisches Bundesamt (2021). https://www.destatis.de/DE/Themen/Branchen-Unternehmen/Industrie-Verarbeitendes-Gewerbe/Tabellen/_tabellen-innen-konjunkturdaten-textil-bekleidungsindustrie.html, abgerufen am 30.04.2021

Tagespiegel (2018). https://www.tagesspiegel.de/wirtschaft/technische-fasern-die-zukunft-der-textilbranche-einfaedeln/23013326.html, abgerufen am 5.4.2021

Textil+Mode (2017) Mit jeder Faser intelligent, Die deutsche Textil- und Modeindustrie in Zahlen, © Gesamtverband der deutschen Textil- und Modeindustrie e. V. 2017, 10117 Berlin

Textil + Mode (2021). https://textil-mode.de/de/verband/branchen/, abgerufen am 30.04.2021

Zahn E. et al. (2003) *Neues Denken in der Unternehmensführung.* In: Bullinger HJ., Warnecke H.J., Westkämper E. (eds) Neue Organisationsformen im Unternehmen. Ein Handbuch für das moderne Management. VDI-Buch. Springer, Berlin, Heidelberg

Zander, Reinhard (2020). *Nachhaltigkeit als Chance für die deutsche Textilindustrie,* TEXTILplus, 8 (2020) 1 , S. 10, ISSN: 2296-1208 (print)

Zschenderlein, Dirk (2017). *Herausforderung Zukunft - INDUSTRIE 4.0 in der Textilindustrie,* Techtextil, Internationales Techtextil-Symposium, 2017, (2017) , S. 1-1